DE

LA LOI DU 19 BRUMAIRE AN VI

ET DES MODIFICATIONS QU'ELLE RÉCLAME.

DE

LA LOI DU 19 BRUMAIRE AN VI

ET DES MODIFICATIONS QU'ELLE RÉCLAME.

PAR LA COMMISSION DES FABRICANTS BIJOUTIERS.

> Il faut en effet abroger une loi quand elle n'est
> pas exécutable.
>
> M. A. Thiers, *Histoire de la Révolution
> française*, tome ix, page 180.

> Une disposition dont rien ne peut assurer l'exé-
> cution doit être rejetée sans hésiter : la loi ne
> peut rien ordonner en vain, il ne faut pas qu'elle
> entre en lutte avec la fraude quand elle doit sortir
> nécessairement vaincue, et le législateur ne doit
> jamais habituer le peuple au spectacle de son
> impuissance.
>
> M. Sauzet, *Rapport à la Chambre des
> Députés*, séance du 18 avril, 1835.

PARIS,

IMPRIMERIE D'HIPPOLYTE TILLIARD,

RUE SAINT-HYACINTHE-SAINT-MICHEL, N° 30.

1836.

CHAPITRE PREMIER.

De la loi du 19 brumaire an VI.

La nécessité de modifier cette loi s'est depuis bien longtemps révélée, soit à l'administration, soit aux assujettis. Bon nombre de ses dispositions ont été si rarement exécutées qu'on pourrait presque invoquer la désuétude pour se soustraire à leur application. D'où vient donc qu'on s'est occupé si tard de la réforme à laquelle on travaille en ce moment? De la part de l'administration, le retard s'explique peut-être par ce motif, qu'en laissant subsister des dispositions trop rigoureuses et en se réservant la faculté extrà-légale de n'en provoquer l'application que selon son bon plaisir, elle s'en faisait une arme redoutable, dont elle pouvait frapper arbitrairement et à coup sûr les assujettis qui s'attiraient son animadversion. Que l'administration ait fait un usage discret de cette arme, nous ne le contestons pas ; qu'elle ait pris des mesures pour en prévenir l'abus de la part d'agents peu éclairés, nous le reconnaissons encore ; mais il n'en reste pas moins évident que rien n'en peut légitimer dans ses mains la possession. Une pareille arme est prohibée, autant par les lois que par la raison publique.

1

Pourquoi, de leur côté, les assujettis ont-ils aussi longtemps différé de présenter leurs doléances; nous venons d'en faire pressentir les motifs : le pouvoir exorbitant de l'administration ne se faisait pas trop sentir, et puis personne d'entre eux ne se souciait d'attacher le grelot à ce terrible adversaire.

CHAPITRE II.

But principal de la loi.

Soit que l'on s'arrête à son titre, soit qu'on examine la loi du 19 brumaire an VI, dans ses détails et dans son ensemble, on y découvre deux pensées distinctes; la surveillance du titre des matières et ouvrages d'or et d'argent, puis la perception des droits de garantie.

De ces deux pensées du législateur, celle qu'il place en première ligne dans les dispositions de la loi, c'est la pensée morale de maintenir la loyauté dans toutes les transactions dont les matières et ouvrages d'or et d'argent peuvent être l'objet.

C'est également cette pensée que les employés du bureau de garantie, mettent le plus volontiers en avant dans les discours qu'ils tiennent aux redevables ; c'est surtout à son accomplissement qu'ils rattachent l'importance de leur ministère. Quant aux droits à percevoir, ils ne les négligent pas, mais ils les considèrent comme peu de chose et disent que le produit de ces droits, déduction faite des frais de perception, est d'un mince intérêt pour le trésor.

Ainsi donc la grande affaire est de surveiller les titres, de les garantir même comme l'indique le nom du bureau de garantie. C'est de ce but principal que nous allons d'abord nous occuper.

CHAPITRE III.

Moyens qu'elle emploie pour atteindre son but.

La loi par les articles 1 à 6, détermine quels sont les titres auxquels il est permis de fabriquer des ouvrages d'or et d'argent; elle permet trois titres pour l'or, deux titres pour l'argent, et il résulte de ces dispositions combinées avec l'article 56, qu'on peut bien s'écarter des limites posées pour fabriquer au-dessus, mais non pas au-dessous de 750 millièmes d'or et de 800 millièmes d'argent.

Cependant la loi, par son article 5, accorde une tolérance de 3 millièmes pour l'or, et de 5 millièmes pour l'argent; de sorte que des ouvrages d'or à 747 millièmes, et des ouvrages d'argent à 795 millièmes, sont encore au titre légal (1).

Voilà donc un premier moyen de protéger l'intérêt des acheteurs. Si la loi est observée, ils ne trouveront pas, dans le commerce, des ouvrages à un grand nombre de titres différents : la loi n'en permet que trois pour l'or et deux pour l'argent. Il ne s'agira donc plus pour n'être pas trompé dans un achat, que de savoir distinguer entre eux les divers titres permis.

Mais les titres ne s'annoncent point aux yeux par eux-mêmes : pour les apprécier avec exactitude, de certaines opérations chimiques plus ou moins compliquées, sont nécessaires, opérations qui ne sont pas à la portée du plus grand nombre des acheteurs. La loi y a pourvu; elle établit dans la section II du titre Ier, que tous les ouvrages d'or

---

(1) La tolérance devrait être bien moins exigue. Cette question de détail se trouve développée à la fin de ce Précis.

et d'argent seront marqués de poinçons, au bureau de garantie ; elle indique le nombre de ces poinçons , leurs formes diverses , leur affectation aux divers titres d'or et d'argent , et règle le mode de leur emploi.

Le second moyen de garantie se lie avec le premier et le complète. Dans tout système où l'on voudra limiter et déterminer les titres , il faudra nécessairement établir des signes distinctifs de chaque titre légal , et en même temps exiger que tout ouvrage soit revêtu des signes indicatifs de son titre.

CHAPITRE IV.

Limites imposées à la fabrication.

L'interdiction de fabriquer l'or autrement allié qu'à l'un des trois titres déterminés par la loi , est une grande entrave au développement de la fabrication , qui devrait naturellement régler la qualité de ses produits sur le goût des acheteurs. Dans notre siècle , qu'on a qualifié de siècle de chrysocale , il résulte de l'état des mœurs , que les fabricants d'objets de luxe doivent tendre sans cesse à en diminuer les prix pour les mettre à la portée de toutes les classes. Voyez ce qu'il arrive pour les trois titres d'or autorisés par la loi : il en est un dont l'emploi est devenu presque unique , à l'exclusion des deux autres , c'est précisément le plus bas des trois. Il est vraisemblable que si la barrière légale était abaissée au-dessous de 18 karats , l'usage des ouvrages d'or recevrait par ce seul fait une importante extension.

D'ailleurs, pour lutter sans désavantage contre la concurrence étrangère , ne faut-il pas que nous puissions offrir nos produits à aussi bon marché que les siens ? Eh bien , en Allemagne , en Angleterre , en

Portugal , on fabrique des bijoux à bas titre , et ces bijoux rivalisent avec les nôtres dans les principales villes d'Europe et d'Amérique.

En décembre dernier , des sautoirs de nouvelle forme furent présentés à un marchand bijoutier d'Amsterdam , qui était venu à Paris pour y faire des achats. — *Je ne puis , dit-il , acheter de ces sautoirs : nous en tirons de semblables de Pforsheim à bien plus bas prix, au titre de 14 karats. — Et comment dans votre pays où l'exactitude du titre est encore plus rigoureusement exigée qu'en France, pouvez-vous vendre des bijoux à 14 karats ? — Nous les vendons marqués du poinçon de l'étranger.*

Il n'y avait plus d'objection à faire après cette réponse. La vente à bas titre serait en effet permise en France aux mêmes conditions. La loi du 19 brumaire défend bien qu'il soit fabriqué des ouvrages d'or au-dessous de 18 karats , mais elle ne défend pas qu'il en soit vendu, si ces ouvrages viennent de l'étranger et sont marqués du poinçon spécial destiné à cette espèce d'ouvrage.

En permettant la vente des ouvrages étrangers à quelque titre qu'ils fùssent, la loi a dérogé complétement elle-même à son principe , qui est de limiter et de déterminer les titres. C'est un faible remède à cet inconvénient, que d'avoir étendu son moyen de marque à ces ouvrages : le poinçon spécial qui leur est affecté indique seulement l'absence de vérification du titre, au lieu d'indiquer le titre même. Si la législation était le seul rempart contre la fraude , celle-ci trouverait aisément à faire une large brèche en cet endroit. D'autres facilités lui sont encore offertes.

Par décisions du Ministre des finances, du 15 novembre 1822 et du 14 juillet 1824 , les ouvrages d'or et d'argent vendus par les monts-de-piété , sont assimilés , lorsqu'ils se trouvent à bas titre , aux ouvrages fabriqués hors de France , et sont marqués du poinçon de l'éranger. Ces décisions du ministre des finances paraissent empiéter sur les attributions législatives, et, indépendamment du tort d'être illégales , elles ont celui de favoriser la fraude.

Mais pour comprendre comment l'application d'un poinçon spécial sur des ouvrages venant de l'étranger, ou vendus par les Monts-de-piété, peut aider à tromper le public, il faut examiner quelles fonctions ont à remplir les poinçons; quelles personnes peuvent les connaître, et, en définitive, quel degré de protection réelle ils offrent aux acheteurs.

CHAPITRE V.

Des Poinçons. — De leur degré d'utilité.

Les poinçons créés, en vertu de la loi du 19 brumaire an **VI**, pour marquer les ouvrages d'or et d'argent, sont très nombreux; ils tendent à distinguer le fabricant, le titre des ouvrages, et même leur dimension, ainsi que le bureau de garantie où ils sont marqués. On compte, je crois, plus de cinquante poinçons; mais, en supprimât-on les trois quarts, dans une loi nouvelle, on pourrait encore affirmer que la connaissance des marques ne serait point destinée à devenir assez populaire, pour qu'à leur examen les acheteurs pûssent juger du titre d'un ouvrage.

Si les marques indiquaient le titre par des chiffres ou des lettres, on conçoit qu'elles seraient à la portée de tout le monde, mais aussi l'imitation en deviendrait tellement facile, qu'elles ne prouveraient peut-être plus rien en faveur du titre. Il a fallu éviter cet écueil, et malheureusement on est tombé dans un autre. On a préféré des signes emblématiques pour rendre les contrefaçons plus difficiles, et on a fait des marques de véritables hiéroglyphes dont le public n'aura jamais la clé. Il serait, en effet, plus court et plus facile d'apprendre à essayer les ouvrages d'or et d'argent, que d'apprendre à connaître les marques de la garantie.

L'étude des marques sé complique de plusieurs difficultés : il est un grand nombre d'ouvrages qui ne peuvent recevoir l'empreinte que de très petits poinçons , produisant des marques microscopiques à l'œil nu.

Tous les poinçons peuvent être plus ou moins bien contrefaits , ensorte qu'un acheteur , connût-il toutes les marques en usage et leurs fonctions respectives , pourrait encore être induit en erreur par des contrefaçons.

Enfin , il est nombre d'ouvrages tellement composés qu'une de leurs parties, revêtue de la marque , peut en être détachée et transportée à d'autres ouvrages ; autre cause d'erreur attachée à l'examen des marques.

Toutes ces difficultés. n'ont pu échapper au législateur : il aura sans doute pensé que les poinçons n'étaient pas faits pour être connus et appréciés par les acheteurs , mais seulement par les employés de la garantie. La protection qui résulte des marques, en faveur des acheteurs , n'est donc pas immédiate, ni certaine : elle repose sur ce raisonnement hypothétique , le marchand ou fabricant ne désobéira pas à la loi , il ne mettra pas en vente des ouvrages dépourvus de marques ou revêtus de marques fausses , parce qu'il craindra que de tels ouvrages , ne soient trouvés en sa possession par les préposés de la garantie. Cette protection s'exerce par l'intermédiaire de quelques préposés dont les visites de surveillance chez un grand nombre d'assujettis sont nécessairement peu fréquentes. Si les fabricants et marchands n'étaient retenus par aucune autre crainte, ils prendraient tous la fraude pour base de leurs opérations.

D'abord il est assez facile de cacher des objets d'aussi mince volume, que la plupart des ouvrages d'or et d'argent, et de les cacher de telle manière , qu'on en conserve la disposition pour les vendre , tout en les mettant à l'abri de la surveillance administrative. Ensuite cette surveillance n'a pas de prise sur certaines fraudes, comme , par exemple, celle qui consisterait à livrer du troisième titre, ou même du bas titre venant de l'étranger, pour du premier ou du second titre. Enfin les poinçons ne sont pas seulement inconnus au public et à la presque totalité des marchands et fabricants, les contrôleurs eux-mêmes peuvent être induits en erreur par d'habiles contrefaçons.

Mais après avoir exposé combien était faible la protection offerte au public par la surveillance administrative des marques, nous devons signaler en passant un inconvénient d'une autre espèce, c'est que cette surveillance donne souvent lieu contre les marchands ou fabricants à des vexations et à d'injustes poursuites. Tous les négociants, qui exportent des ouvrages marqués, en réclamant la prime, ont pu remarquer de fréquentes divergences d'opinions entre des contrôleurs, sur la légitimité ou la régularité de certaines marques. Ces divergences se sont produites dans des circonstances bien plus graves, et, à cet égard, nous pouvons citer un fait que l'un de nous tient de personnes bien informées. — Un juge d'instruction, avait entre les mains un procès verbal, qui arguait de faux les marques de certains ouvrages saisis. Il fit venir successivement plusieurs contrôleurs pour prendre leur avis, et il arriva que les voix se trouvèrent exactement partagées sur la question de savoir si les marques étaient vraies ou fausses. Le juge fort peu édifié du résultat de l'expertise ne voulut pas donner cours aux poursuites.

Quand on prend garde aux soins minutieux que réclament l'emploi et la bonne application des poinçons, on est effrayé d'apercevoir qu'un moment d'inadvertance, d'incurie de la part d'employés administratifs, qui ne sont pas infaillibles, pourrait donner lieu à des poursuites correctionnelles et même criminelles contre un fabricant. Ce sont sans doute des considérations de cette nature, qui ont valu le plus fréquemment l'indulgence du jury aux accusés de faux en matière de garantie, indulgence si constante que l'administration a pris le parti de cesser de poursuivre les fausses marques autrement qu'en police correctionnelle.

Que devient la majesté de la loi avec tous ces biais ?

Revenons au second moyen employé par la loi du 19 brumaire pour atteindre son principal but. Si l'on nous accorde, ce que nous croyons avoir démontré, que ce moyen est insuffisant, nous sommes en droit d'en conclure qu'il est pire encore; il est dangereux pour cette partie du public à laquelle les marques peuvent inspirer une imprudente confiance. Cependant nous devons dire, à la louange du bon sens des acheteurs, qu'ils attachent en général peu d'importance aux marques. Ils comprennent que l'acquisition d'ouvrages d'or et d'argent implique toujours un certain degré de confiance dans la probité du marchand, et que cette probité est pour eux la garantie dont il leur importe le plus de s'enquérir.

Les acheteurs expérimentés, les négociants qui achètent, ont d'ailleurs à leur portée, un excellent moyen de vérification de titre. Les essayeurs du commerce sont là, chez lesquels, moyennant la modique rétribution d'un franc au plus, on peut acquérir sur le titre d'un ouvrage une certitude bien plus rationnelle que celle attachée aux marques légales, quelque vraies que ces marques puissent être.

Pour justifier cette dernière proposition, il faut rendre compte des épreuves que les ouvrages subissent au bureau de garantie avant d'être admis à la marque.

CHAPITRE VI.

Des Essais au bureau de garantie.

Il y a deux manières d'essayer les ouvrages dans les bureaux de garantie, l'une exacte et mathématique, qui est l'essai à la coupelle, l'autre approximative et artistique, qui est l'essai par la pierre de touche. Les gros ouvrages qui peuvent recevoir, sans détérioration, l'empreinte des trois poinçons ordinaires, celui du fabricant, celui du titre et celui du bureau de garantie, sont essayés à la coupelle. Les ménus ouvrages, qui ne reçoivent l'empreinte que d'un petit poinçon spécial, sont essayés à la pierre de touche.

Une circulaire ministérielle, pour faire cesser toute incertitude dans la classification des ouvrages en gros et petits, a donné un état détaillé de ces derniers et prescrit pour l'avenir aux essayeurs de consulter l'analogie pour classer les bijoux de nouvelle forme et dénomination que l'industrie pourrait produire.

Les petits bijoux, dans lesquels sont compris les sautoirs, les chaînes, les parures, étant de beaucoup les plus nombreux, les essais à la coupelle sont comparativement fort rares. Cela résulte non pas seulement de la classification faite par le ministre des finances, mais encore de la nature des choses, qui ne permet pas d'essayer à la coupelle un bijou sur lequel on ne peut enlever une certaine partie de matière, une prise d'essai, sans occasioner la détérioration ou la destruction de la main d'œuvre. L'essai à la coupelle exige d'ailleurs des frais et du temps, en sorte qu'il est doublement impossible de l'appliquer à tous les ouvrages.

Le grand défaut de l'essai par la pierre de touche, opération qui dépend essentiellement du coup-d'œil, c'est de ne pas engager sérieusement la responsabilité de l'essayeur et de conférer soit à lui, soit à ses employés auxiliaires, la dangereuse faculté d'user de rigueur ou de faveur envers les fabricants.

L'inégalité de précision entre les deux modes d'essai entraîne une légère inégalité de titre entre les gros ouvrages et les petits, et rend à peu près indispensable une certaine extension de la tolérance légale lorsqu'il s'agit d'admettre ces derniers ouvrages à la marque. Cet inconvénient, si c'en est un, est de peu d'importance, le public s'y est depuis longtemps accoutumé, et l'administration elle-même a paru l'accepter comme inévitable et léger, lorsqu'elle a recommandé à ses essayeurs d'employer des touches de comparaison à 17 1/2 karats (1).

____

(1) Une sévérité intermittente vient, depuis quelques mois, d'accuser un changement dans les

L'essai approximatif de la pierre de touche, si prompt qu'il soit, ne peut même pas s'appliquer à tous les menus ouvrages présentés au bureau de garantie. Qu'un fabricant présente à la fois deux cents petites pièces, on conçoit que les essayeurs auraient trop à faire de toucher successivement toutes ces pièces. Ils en éprouveront seulement quelques-unes, et les ayant trouvées admissibles à la marque, ils décideront d'après la probabilité que toutes sont admissibles. Ce sont aussi des probabilités qui font admettre à la marque tout un sautoir composé de beaucoup de parties, dont on ne touche cependant

---

vues administratives à l'égard des petits ouvrages. Au lieu de les juger simplement à la touche, de temps à autre les essayeurs en ont fait gratuitement et d'office l'essai à la coupelle, et lorqu'ils n'ont trouvé que 742, 743 millièmes, ils en ont ordonné la destruction.

Nous ne craignons pas de le dire, le marteau qui s'est levé pour briser ces ouvrages a frappé du même coup sur le bon sens. Nous concevons quand la loi est formelle dans une disposition rigoureuse qu'on s'y conforme en disant : il faut obéir à la loi, parce qu'elle est loi, et non parce qu'elle est juste ; mais , dans le cas dont nous nous occupons, rien de semblable ne peut être allégué. Les ouvrages devaient être essayés au touchau d'après la loi, d'après les instructions administratives sur le mode d'exécution de la loi, et ces mêmes instructions, lorsqu'elles ont fait un devoir à l'essayeur d'avoir une touche de comparaison à 17 1/2 k., ont voulu bien évidemment que les petits ouvrages, aussitôt qu'ils soutenaient avantageusement cette comparaison, fussent admis à la marque. Aujourd'hui on veut être plus sévère que la loi, plus rigoureux que la décision du ministre, et c'est un parti pris qu'on justifie en disant : oui, nous appliquerons de temps en temps la rigueur de la coupelle aux ouvrages qui ne sont habituellement essayés qu'à la touche, et de cette manière nous obtiendrons, par l'intimidation des fabricants, que le titre des petits ouvrages soit exactement à 18 k. — Prétention tardive ; en contradiction avec des usages administratifs et commerciaux qui remontent à quarante ans ! prétention malheureuse ; qui froisse en définitive des intérêts existants et dignes d'égard, pour favoriser des intérêts tout autres que ceux qu'elle semble vouloir protéger. Il est en effet parfaitement indifférent pour l'acheteur d'un bijou d'or que le titre soit à 750 plutôt qu'à 740 millièmes. Quand il voudra revendre ce bijou devenu vieux , il en obtiendra chez le marchand d'or, suivant son plus ou moins d'expérience et de zèle, pour ses intérêts, le prix de 9 fr. ou de 9 fr. 50 c. par gros; les 10 millièmes de plus n'y feront rien. Le marchand d'or, loin d'admettre que le petit bijou soit à 750, ne l'estimera pas même à 740. Ce dernier profitera donc seul de la sévérité nouvelle des essayeurs, qui ne se doutent pas de ce résultat. — Sans la crainte de prolonger outre mesure l'étendue de cette note , nous ajouterions d'autres raisons; mais nous nous bornons à renvoyer à la pièce n° 3, concernant l'insuffisance de la tolérance légale.

qu'un ou quelques maillons. Souvent encore les essayeurs à la touche sont obligés de s'arrêter aux surfaces, à moins qu'ils ne détruisent au préalable les ouvrages pour les examiner, moyen extrême dont ils ne peuvent user qu'en s'exposant à payer la main d'œuvre, moyen par conséquent dont ils doivent faire rarement usage.

Enfin, dans l'état actuel des choses, où le fabricant est dans l'obligation de présenter lui-même ses ouvrages à la marque, on comprend la possibilité d'une connivence entre lui et quelques essayeurs, on comprend que des manœuvres pourront avoir lieu pour mettre en défaut la sagacité de l'essayeur de bonne foi.

Eh bien ! la plupart des inconvénients que nous venons d'énumérer et dont l'existence, ainsi que la gravité, sont démontrées par des faits nombreux et notoires, disparaîtraient dans un système où l'acheteur, mu par son intérêt personnel, présenterait lui-même les ouvrages à un essayeur de son choix. Cet intérêt personnel, actif et vigilant de sa nature, prendrait bien mieux ses précautions contre les erreurs et les fraudes. L'essayeur, choisi par l'acheteur et salarié par lui, s'efforcerait de répondre à sa confiance et de la conserver, en apportant son expérience et son zèle à l'exacte appréciation des ouvrages qui lui seraient présentés.

Nous sommes donc autorisés à répéter que les marchands, les négociants qui achètent des ouvrages d'or et d'argent, obtiendraient, en employant les essayeurs de commerce, une certitude bien plus rationnelle sur le titre de ces ouvrages, que celle que les dispositions de la loi du 19 brumaire tendent à lui procurer.

Quant aux consommateurs qui achètent les ouvrages un à un, à leur égard l'intervention des essayeurs du commerce ne ferait guères que suppléer celle des essayeurs de la garantie : mais combien la première serait moins coûteuse !

CHAPITRE VII.

Des Droits d'Essai et de Marque.

Après avoir exposé le but principal de la loi , les moyens dont elle prescrit l'emploi pour l'atteindre , et signalé leurs inconvénients et leur inefficacité , nous devons maintenant envisager un autre but de la loi , but secondaire et dont on ne conteste pas l'infériorité relative ; nous voulons parler de la perception du droit d'essai et de marque sur les ouvrages d'or et d'argent.

Ces droits sont basés sur le poids , c'est-à-dire la valeur intrinsèque des ouvrages , et ils s'élèvent en somme presque à la dixième partie de cette valeur.

Les ouvrages paient le droit d'essai lorsqu'on les présente à l'essai. Des mains des essayeurs ils passent dans celles des marqueurs , qui , à leur tour , perçoivent le droit de marque. L'obligation de présenter les ouvrages au bureau de garantie , et celle de payer les droits , se confondent en une seule et même obligation.

Bien qu'on ne doive accorder aux marques qu'une confiance limitée, si elles ne coûtaient rien ou presque rien , tous les acheteurs désire-raient des ouvrages marqués , et la loi serait complétement exécutée par tous les fabricants et marchands de bonne foi , qui ne veulent pas tromper le public. Mais au contraire les droits de marque sont très onéreux ; ils sont tout-à-fait disproportionnés avec l'importance du service que la marque peut rendre aux acheteurs ; dès lors la désobéis-sance à la loi , de la part des fabricants et marchands , n'a plus seule-ment pour cause le dessein de tromper les acheteurs, deux autres causes se présentent bien plus fécondes en infractions : le dessein de s'approprier, au préjudice du trésor , les droits que les acheteurs con-sentent à payer ; la répugnance des acheteurs eux-mêmes à payer les droits.

L'infraction qui dépend de cette dernière cause , et qui consiste , pour les fabricants et marchands, à livrer des ouvrages sans marque,est la plus fréquente de toutes. Elle se distingue aussi de toutes les autres par un caractère assez particulier : c'est qu'elle ne procure aucun avantage positif à ceux qui la commettent et en sont responsables , tandis qu'elle profite en entier à ceux qu'elle n'expose à aucun risque. En effet, le fabricant ou marchand, qui livre des ouvrages sans marque , est puni sévèrement par la loi, s'il est découvert , tandis que l'acquisition et la possession d'ouvrages sans marque n'appellent aucune répression légale contre les particuliers.

Si l'on nous demande pourquoi les fabricants et marchands commettent si fréquemment et si généreusement une contravention désintéressée, nous répondrons que la déférence du vendeur envers l'acheteur est forcée , et qu'elle résulte de la nature des choses. Sous le régime actuel , le bureau de garantie s'impose comme médiateur obligé entre le producteur et le consommateur , en disant à l'un : « soumettez tout » ce que vous fabriquez à mon contrôle » ; à l'autre , « n'achetez « rien que je n'aie contrôlé et marqué de mes poinçons » ; au premier , « faites l'avance de 22 francs par hectogramme d'or pour droit de marque » ; au second , « remboursez , comme acheteur , ces frais « qui tombent naturellement à votre charge, puisque la garantie est « établie dans votre intérêt. » — Mais ce droit de 22 francs par hectogramme , non compris l'accessoire du droit d'essai , est tellement élevé , qu'aux injonctions du bureau de garantie le consommateur ou le spéculateur, qui achète , répond souvent : « J'ai confiance dans « mon fabricant, mon eau forte , mes connaissances spéciales , mon « essayeur du commerce, je me passerai donc bien de votre garantie, « qui coûte cent fois ce qu'elle vaut , sans même parler de ce qu'elle « a d'insuffisant et d'illusoire , et j'exigerai du fabricant qu'il me livre « sans marque les ouvrages dont j'ai besoin. »

Le fabricant qui se trouve placé entre deux prétentions diamétralement opposées , menacé , d'un côté , de l'amende, et de l'autre côté, de la désertion de ses pratiques, voudrait bien rester neutre dans ce débat : « Pourquoi donc, demande-t-il, ne pas percevoir les « droits de garantie directement sur ceux qui doivent les supporter ? « J'ai beau représenter à l'acheteur le risque de l'amende, cet ache- « teur sait qu'entre le moment où un ouvrage n'est pas encore admis- « sible au bureau de l'essai, et le moment où il est entièrement achevé, « il peut ne s'écouler que quelques minutes : avec une attente de quel- « ques minutes, il réfutera toutes mes objections. »

La facilité de cette espèce de contravention est donc si grande, le risque de répression si faible, et enfin la conscience si peu liée à l'o- béissance envers une loi aussi mal appropriée à nos mœurs, qu'il sera toujours impossible, tant que l'économie de cette loi ne sera pas changée, d'obtenir des fabricants qu'ils l'exécutent complétement, et de persuader à chaque fabricant que tous ses confrères se soumettent sincèrement à sa complète exécution.

Pour rendre exécutable un système légal de garantie, la première condition est certainement de réduire les droits au plus bas prix pos- sible ; car plus on examine cet objet secondaire, la perception des droits, plus on aperçoit d'occasions où il entre en lutte avec l'objet principal de la garantie des titres.

Si l'on se refusait à diminuer le droit, par cette considération que les ouvrages d'or et d'argent sont, comme objets de luxe, éminem- ment imposables, il faudrait alors appeler les choses par leur nom, établir dans la loi que le droit de garantie est un véritable impôt, et en rendre désormais le paiement obligatoire, à peine de poursuites correctionnelles, non pas seulement pour les personnes qui vendent, mais encore et surtout pour les personnes qui destinent à leur usage personnel ces objets de luxe.

CHAPITRE VIII.

Dispositions coërcitives et pénales.

La loi, pour assurer l'accomplissement de ses prescriptions essen-
tielles, impose aux assujettis une série de formalités que nous allons
examiner, et punit aussi sévèrement les inobservations de formalités
que les infractions graves dirigées contre les intérêts des acheteurs ou
ceux du trésor ; comme si les unes étaient toujours la conséquence
nécessaire des autres. C'est par là surtout que la loi manifeste son
caractère préventif.

Les obligations de pure forme, imposées aux fabricants et marchands, sont définies par les articles 72 à 76, 78 et 79. Il s'agit de
faire une déclaration à la mairie, d'avoir un poinçon et de le faire
insculper, d'avoir un registre coté et paraphé, d'y inscrire en détail
ses achats et ses ventes, de n'acheter que de personnes connues, de
présenter ses registres à l'autorité, de placer un extrait de la loi dans
le lieu le plus apparent du magasin, et enfin de remettre aux acheteurs des bordereaux de vente d'une forme déterminée, qui sont four-
nis par l'administration.

Entre ces formalités, dont la loi exige impérieusement l'observation, il y a une distinction à faire pour l'utilité et l'importance,
distinction qui d'ailleurs s'est établie d'elle-même dans l'exécution
pratique de la loi. Ainsi conformément aux articles 72 et 73, les fabricants et marchands qui s'établissent font une déclaration à l'autorité
municipale, de plus, les fabricants font insculper leur poinçon de
maître. Conformément à la première partie de l'art. 74, ils ont tous
un livre timbré, coté et paraphé : jusque là tout marche très logiquement et très légalement. On n'a pas la prétention d'être fabricant
et marchand en cachette, d'être affranchi de toute surveillance admi-

nistrative, et l'on fait bien volontiers une ou deux démarches, qui n'ont pas à être renouvelées, au moyen desquelles on se trouve régulièrement en possession d'exercer son industrie. Mais à la seconde partie de l'art. 74, commencent les déviations à la ligne tracée par la loi. Les fabricants, car il faut nous borner à parler de ces derniers pour rendre nos assertions plus pertinentes, les fabricants n'inscrivent qu'une partie de ce qu'ils vendent et presque jamais rien de ce qu'ils achètent.

La tenue de leur registre obligatoire se fait généralement avec une négligence, une inexactitude si peu déguisées, qu'il est tout à la fois impossible que l'administration ne s'en soit pas aperçue et qu'elle ait attaché quelqu'importance à remédier à cet abus. Ils n'inscrivent guères ce qu'ils vendent sur leur registre timbré, parce que les inscriptions sont des formalités sans cesse renaissantes qui leur feraient perdre chaque jour un temps précieux ; parce qu'ils ne vendent que des ouvrages qu'ils tirent de leurs ateliers, que ces ouvrages leur sont payés comptant ou bien que la facture en est inscrite sur un livre de commerce, que dès lors, ils ne comprennent pas, leur intérêt personnel étant mis à couvert, pour quel vague motif de morale publique ils s'imposeraient une tâche gratuite. Ils n'inscrivent pas du tout ce qu'ils achètent, parce qu'ils ne se procurent généralement les matières premières de leur fabrication que chez un marchand d'or auquel ils donnent leur confiance. Ces matières sous la forme de lingots ou de pièces de monnaie, n'ont pas d'ailleurs un caractère individuel qui permette d'y découvrir les traces d'une soustraction, ainsi donc pas d'intérêt public à en inscrire l'achat. L'administration l'a si bien compris elle même qu'elle n'a jamais poursuivi cette dernière sorte d'infraction. Nous nous trompons cependant, sur cinq cent mille contraventions de ce genre qui ont été manifestement commises dans la seule ville de Paris, l'administration a cru devoir en poursuivre une seule. Un fabricant a été condamné à 200 fr. d'amende, pour défaut d'inscription de quelques onces d'or fin achetées chez un marchand d'or, et quand l'un de nous, dans son étonnement, demandait à un contrôleur : *Mais pourquoi donc un pareil procès?* celui-ci a répondu ce peu de mots : *C'est un procès par ordre !* Excellent commentaire sur l'article 74 et sur tous les articles inspirés du même esprit.

. L'article 75 est peut-être inutile, ou bien il n'est pas assez explicite. Les gens qui font métier d'acheter de toutes mains, sans s'inquiéter de la légitimité de la possession, savent bien se conformer à la loi, tout en satisfaisant leur malhonnête cupidité. Ces gens-là inscrivent fort régulièrement tous les achats qu'ils font, sur le registre obligé ; ils ont seulement la précaution de s'adjoindre quelques compères salariés qui jouent le rôle de répondants à eux connus. Les fabricants, nous le présumons, ne seraient pas effrayés d'une disposition plus rigoureuse sur ce point, par laquelle, dans tous les cas, les acheteurs seraient rendus civilement responsables de la valeur des objets volés dont ils auraient fait l'acquisition, sauf leur recours contre les vendeurs.

L'article 76 ne suggère aucune observation particulière.

Sur l'article 77, il y a une question de temps à poser; mais elle trouvera sa place quand nous parlerons de l'article 101. D'ailleurs, cet article 77 ne crée pas de formalités, c'est seulement un corollaire de l'article 7 sur l'obligation essentielle de faire marquer les ouvrages.

On peut dire de l'article 78, sans trop de témérité, qu'il est tombé en désuétude, et qu'il n'y a pas d'utilité à lui rendre vigueur. C'est en vain qu'un tableau présentant les dispositions de la loi, serait placé dans le lieu le plus apparent d'un magasin, l'expérience a démontré que jamais les acheteurs ne faisaient les frais d'attention et de temps qu'exige la lecture et l'intelligence de ces dispositions.

Les bordereaux énonciatifs dont l'article 79 prescrit la remise aux acheteurs, doivent encore être rangés parmi les précautions inutiles, comme aussi parmi les formalités légales dont le commerce s'est affranchi dans la pratique. Nous n'avons pas ouï dire qu'un procès-verbal ait jamais été dressé pour défaut de remise de bordereau, et nous serions tenté d'affirmer qu'il n'en a jamais été dressé sur une pareille contravention, dont la constatation nous semble impossible. Comment, en effet, prouvera-t-on qu'il n'y a pas eu remise de bordereau ? L'injonction de l'article 79 est donc vaine , et puis elle est superflue : l'acheteur expérimenté n'a pas besoin d'un bordereau, et l'acheteur qui manque des notions nécessaires ne les trouvera pas là.

C'est l'article 83 qui donne la sanction pénale à ceux que nous venons de citer. Il n'admet aucune distinction de gravité et d'importance entre les infractions nombreuses auxquelles il s'applique : 200 fr. d'amende pour la première fois, 500 fr. pour la seconde, 1,000 fr. pour la troisième, et de plus, alors, interdiction du commerce des ouvrages d'or et d'argent ; voilà tous les degrés de l'échelle pénale posés par l'article 80. Cela n'est pas compliqué , et les juges n'ont pas l'embarras d'une appréciation d'opportunité entre le maximum et le minimum.

Mais l'article 80 ne contient pas à lui seul toutes les pénalités : il s'en trouve ailleurs , et notamment dans les articles 81 et 109. Le premier de ces articles s'applique à ceux qui vendent pour fins des ouvrages en or et en argent faux; le second s'applique à ceux qui mettent en vente , avec connaissance , des ouvrages marqués de faux poinçons. Eh bien ! quelles sont les peines contre ces délits bien caractérisés ? 200 francs d'amende pour la première fois, 400 francs pour la seconde , et 1,000 francs pour la troisième , avec interdiction de tout commerce d'or et d'argent. Cela n'est pas tout-à-fait la même chose que dans l'article 80 , mais peu s'en faut ; et il eût mieux valu s'en référer entièrement à cet article, que d'introduire dans les articles 81 et 109 une atténuation à l'égard du cas de première récidive , et de montrer par-là plus d'indulgence pour la fourberie et la fraude, que pour d'innocentes omissions de formalités.

Le reproche d'un excès d'indulgence n'est pas, du reste, un de ceux que la loi de brumaire soit exposée à mériter souvent. Le débonnaire article 109 est précédé de l'article 108 qui punit de *six ans de fers* le possesseur, avec connaissance, des ouvrages d'or et d'argent sur lesquels les marques des poinçons se trouveront entées, soudées ou contretirées de quelque manière que ce soit. En quoi consiste donc cette énorme différence de culpabilité entre la possession d'ouvrages revêtus de fausses marques, et la possession d'ouvrages accompagnés de marques vraies, mais rapportées ou contretirées? Pourquoi six ans de fers contre l'une, et seulement 200 francs d'amende contre l'autre? Nous ne parvenons pas à le comprendre, et nous passons à une question d'un autre ordre, que soulèvent deux des dispositions rangées sous le même titre : ce sera la fin de notre tâche.

L'article 101 établit le droit de visite des employés de la garantie, chez les marchands et fabricants. Il énumère les objets dont ils devront opérer la saisie et parmi ces objets, figurent les ouvrages achevés et dépourvus de marques. L'article 107 répète en ce point l'article 101, d'où il résulte que la loi après avoir ordonné, par son article 77, aux marchands et fabricants de porter leurs ouvrages au bureau de garantie pour y être essayés et marqués, établit qu'il y a infraction à cette disposition, aussitôt qu'un ouvrage achevé et sans marque se trouve chez un marchand où fabricant. Cette interprétation de l'article 77, par les articles 101 et 107 est adoptée par la Cour de cassation, si l'on s'en rapporte à son arrêt du 9 mai 1823. Eh bien, cette interprétation équivaut à peu près à l'interdiction absolue de fabriquer des ouvrages d'or et d'argent.

En effet les essayeurs du bureau de garantie ne doivent, aux termes de l'article 48, recevoir à l'essai que des ouvrages déjà fort avancés en fabrication ; ces essayeurs, dans la ville de Paris, n'ouvrent leur bureau qu'à neuf heures du matin et ne reçoivent les ouvrages que jusqu'à midi : ainsi le fabricant qui n'aura pas à midi des ouvrages nouveaux à mettre en œuvre, mais qui aura beaucoup d'ouvrages assez avancés en fabrication pour être terminés dans la journée, devra suspendre le travail et renvoyer ses ouvriers jusqu'au lendemain.

Que sera-ce du fabricant d'une ville de province, s'il n'existe pas dans cette ville de bureau de garantie, ou bien si ce bureau n'est ouvert qu'une ou deux fois par semaine ? Pour justifier un peu l'interprétation dont il s'agit et l'arrêt qui la consacre, nous sommes tentés de croire que le législateur et le juge, se seront dit : « Il y a beaucoup » de raisons pour que l'administration n'abuse pas de la facilité de » dresser des procès-verbaux et d'obtenir des condamnations contre » les fabricants ; il y a peu de raisons au contraire pour que les fabri- » cants ne profitent pas de la moindre latitude qui leur serait laissée, » pour éluder complétement une loi d'une exécution difficile pour » eux : ainsi donc il faut confier de grands pouvoirs à l'administra- » tion, pour assurer quelque force à la loi. »

Cette explication, est fort peu satisfaisante et cependant nous devons reconnaître qu'en général, le bureau de garantie n'a pas souvent abusé de l'arbitraire qu'on a remis entre ses mains. Dans le cas particulier dont il s'agit, les contrôleurs n'ont presque jamais saisi d'ouvrages achevés chez un fabricant, que lorsqu'ils les ont vus manifestement exposés en vente ou bien au contraire, lorsqu'ils les ont trouvés cachés comme des objets, dont on veut dissimuler la possession.

Singulière et fâcheuse situation que la nôtre ! D'ordinaire la loi protège les citoyens contre l'arbitraire ; mais aux fabricants et marchands d'ouvrages d'or et d'argent, c'est de l'arbitraire des fonctionnaires administratifs, qu'on leur fait un refuge obligé, contre une légalité impitoyable.

CHAPITRE IX.

Conclusion.

De tout ce qui précède, on pourrait conclure logiquement à l'abrogation complète de la loi du 19 brumaire an VI ; la garantie qu'elle semble promettre aux acheteurs n'est-elle pas évidemment illusoire? Les moyens préventifs qu'elle emploie ne sont-ils pas sans efficacité réelle contre la fraude, tandis qu'ils ont l'inconvénient certain d'enchaîner la liberté commerciale et le développement de l'industrie? Enfin, le droit de garantie, ce droit si onéreux, ne provoque-t-il pas les acheteurs à se dispenser de l'acquitter, et l'obligation imposée aux fabricants et marchands d'en faire l'avance ne place-t-elle pas ces derniers dans la dure alternative de perdre leur clientelle ou d'enfreindre la loi?

Cependant si l'on admettait par ces motifs que l'abrogation de la loi fût indispensable, il resterait la question de savoir ce qu'on pourrait mettre à la place. On conçoit bien, lorsqu'on n'envisage que les vendeurs et les acheteurs, lorsqu'il s'agit uniquement de maintenir la loyauté dans les transactions qu'ils font entre eux, qu'une loi nouvelle puisse être exempte de tout caractère préventif. Au nombre des moyens d'empêcher la fraude avec une loi spéciale et simplement répressive on pourrait compter ceux-ci : favoriser l'installation d'essayeurs jurés dans toutes les grandes villes; autoriser un pharmacien désigné par l'autorité municipale à faire les essais, dans les petites localités ; s'assurer le concours des intérêts privés dans la recherche des fraudes, en décrétant que tout acheteur obtiendra une indemnité multiple, pouvant s'élever du double au centuple, suivant la gravité du cas, de toute différence en moins entre le titre réel d'un ouvrage et le titre annoncé par le vendeur ; réputer enfin tous les ouvrages comme annoncés au titre de 18 karats, à moins de preuve écrite du contraire.

Mais l'emploi de tous ces moyens ne suppose que deux intérêts en présence, celui des acheteurs et celui des vendeurs, qui admettent facilement une conciliation. Il en reste un troisième à ménager dont se complique la solution du problème, c'est l'intérêt du trésor. On aura beau prouver qu'en théorie le droit de garantie n'est pas et ne doit pas être un impôt ; toujours est-il qu'il figure pour une certaine somme au budget des recettes ; c'est un produit qu'on ne peut en effacer sans le remplacer de quelque manière. Voilà une première objection contre le renversement complet de la loi actuelle ; il y en a bien d'autres encore, et le sentiment général des assujetis est qu'en pareille matière les améliorations valent mieux que les révolutions.

Autant par déférence pour l'opinion de la grande majorité de nos confrères que par prédilection pour les idées modérées et pratiques, nous nous bornons donc à conclure en faveur des améliorations demandées par les fabricants bijoutiers.

Leurs demandes, au nombre de huit, ont été présentées à l'administration et sont consignées dans un rapport reproduit ci-après, sous le numéro 1. — De toutes ces demandes, suffisamment motivées par les principes et les faits énoncés plus haut, il en est quelques-unes, pourtant, qui ne s'y rattachent pas d'une manière aussi directe; on trouvera leur justification particulière dans la pièce numéro 3.

A l'aide des 3 pièces qui suivent se complète l'exposé d'une question vitale pour notre industrie. Après avoir apporté le tribut de nos faibles efforts pour en éclairer, autant qu'il est en nous, la discussion, nous attendons avec confiance et respect la solution qui doit émaner des pouvoirs législatifs.

Nº 1.

EXTRAIT DU RAPPORT

Présenté le 14 mai 1835, à l'Assemblée générale des Bijoutiers, dans la salle du Passage du Saumon ; par la Commission nommée dans l'Assemblée du 7 avril 1835.

Nous avons dû rechercher avec soin qu'elles étaient les améliorations dont le besoin se faisait sentir. Pour n'en pas laisser échapper d'importantes, nous avons consacré plusieurs séances à lire en commun la loi du 19 brumaire an VI, et à prendre note des observations que ses dispositions pouvaient provoquer de notre part.

Cette lecture nous a fourni dix-huit questions à examiner ; mais ces dix-huit se rattachant par des liens plus ou moins étroits à cinq questions de premier ordre ; c'est seulement de ces dernières qu'il importe de vous entretenir : l'accessoire en effet suit toujours le sort du principal

Les questions fondamentales ont pour objet :

La tolérance sur le titre ;

La réduction des droits ;

La révision des peines ;

L'institution d'un comité de garantie composé de fabricants ;

Les mesures spéciales et protectrices réclamées par le commerce de l'exportation.

La question de la tolérance sur le titre a été l'objet d'une discussion très longue entre nous : c'est celle sur laquelle il s'est manifesté le plus de dissentiment.

Ce n'est pas que le principe même de la nécessité d'une tolérance quelconque ait été contesté : tous les membres de votre commission le reconnaissaient ; tous reconnaissaient même que la tolérance légale de trois millièmes était illusoire ; mais de combien de millièmes devait-elle être ? C'est là que les dissentiments se manifestaient, les uns voulaient plus, les autres voulaient moins.

Enfin chaque prétention s'étant fait jour, chaque quotité de tolérance ayant été mise aux voix, en commençant par la plus large, une décision a été prise à la majorité de sept voix contre deux, en faveur d'une tolérance de vingt millièmes pour les bijoux creux et de fantaisie, et à la majorité de six voix contre trois en faveur d'une tolérance de dix millièmes pour les bijoux pleins,

Cette quotité de tolérance à laquelle nous nous sommes arrêtés, représente plutôt un moyen terme des opinions émises que la conviction du plus grand nombre des membres de votre commission ; aussi les partisans d'une tolérance plus restreinte, comme ceux d'une tolérance plus large, ont à cœur de vous exposer les motifs sur lesquels s'appuient leurs sentiments divers.

Les premiers considèrent que solliciter une tolérance de dix et vingt millièmes comme nécessaire sous le rapport des difficultés de l'art, c'est avouer un défaut d'habileté de la part des fabricants, c'est confesser un défaut de progrès dans notre industrie, c'est lui faire en quelque sorte abdiquer le rang qui doit lui appartenir. Ils craignent d'ailleurs que l'administration ne refuse son assentiment à la demande d'une tolérance qui leur paraît trop forte ; ils craignent enfin, que si la tolérance venait à être établie légalement sur d'aussi larges bases, elle ne parût aux yeux des marchands et commissionnaires motiver un rabais sur le prix actuel de l'or.

Les partisans de l'opinion contraire objectent que la circonstance de se trouver au-dessous de la tolérance entraînant la destruction des ouvrages, il est de la plus impartiale justice que cette chance si défavorable soit compensée en faveur des fabricants par quelque avantage. Ils pensent que lorsqu'il s'agit de faire la part des difficultés de fabrication, ce n'est pas à la moyenne de ces difficultés, mais au contraire au dernier degré de difficulté qu'il faut proportionner la tolérance ; or il leur paraît que pour un grand nombre de bijoux cette tolérance de vingt millièmes est encore insuffisante. Loin de croire d'ailleurs que dans le *statu quo* la tolérance administrative établie à raison de l'insuffisance ou, pour parler plus juste, à raison de l'absence d'une tolérance légale, soit aujourd'hui restreinte dans la pratique à vingt millièmes pour le creux et dix millièmes pour le plein, ils sont persuadés que si l'on prenait une moyenne entre les oscillations de cette tolérance arbitraire, on trouverait qu'elle est de plus de trente millièmes pour le creux et la fantaisie, et de plus de quinze millièmes pour le plein. Enfin, une dernière considération qu'ils font valoir, c'est qu'à prendre les choses au point où elles en sont, les marchands ne rachètent les vieux bijoux qu'à 9 francs le gros tout au plus, et n'ont pas la prétention de les revendre au fabricant plus de 9 francs 50 cent., d'où il suit que le fabricant satisfait à toutes les exigences légitimes en fournissant de l'or qui vaut intrinsèquement et peut produire 9 fr. 50 cent. par gros chez l'affineur. Eh bien! le nombre de millièmes qui correspond à ce prix. c'est celui de 720 et non pas celui de 730. Ainsi donc ce second fait, à leur avis, est aussi concluant que le premier en faveur d'une tolérance plutôt de 30 que de 20 millièmes, en négligeant même de faire entrer en ligne de compte la valeur, souvent importante, de l'argent qui entre dans l'alliage.

La décision de votre commission, dont nous venons de vous donner connaissance, est donc une transaction entre les deux systèmes ; mais soit que cette transaction prévale dans vos esprits, soit que l'un des deux systèmes l'emporte, une vérité que nous devons tous nous accorder à reconnaître, c'est qu'une fois la loi modifiée, une fois qu'une disposition sur la tolérance y sera inscrite, toute tolérance administrative cessera, et les cisoires ou le marteau des essayeurs ne devront pas plus s'arrêter devant le déficit d'un millième que devant celui d'un karat.

La question de tolérance n'est pas encore épuisée, Messieurs ; quelques-uns de nos confrères et des membres de votre commission, envisageant la destruction des ouvrages un peu au-dessous du titre sous le point de vue d'un sacrifice imposé au fabricant, sans qu'il résulte de cet anéantissement d'une valeur réelle de main-d'œuvre aucun avantage positif, soit pour le trésor, soit pour personne, ont proposé une seconde sorte de tolérance, qui ne serait plus gratuite, comme celle dont nous venons de parler, mais qu'il serait loisible au fabricant, lorsque d'ailleurs ses ouvrages ne descendraient pas au-dessous de 780 millièmes, de réclamer, en payant un droit supplémentaire qui représenterait le double ou le triple de la valeur des millièmes manquants.

Ce second degré de tolérance a été repoussé à la majorité de cinq voix contre quatre, parce qu'il introduit une complication dans le système de garantie, parce qu'il pourrait donner lieu à des abus, et enfin parce qu'il semblerait ériger en principe, au profit des fabricants, le mépris de l'intérêt des acheteurs.

Pour en finir avec les tolérances de toutes les sortes, il ne reste plus à vous dire, Messieurs, que l'emploi du contre-émail, mais restreint dans les limites les plus étroites, doit être maintenu si l'on s'en rapporte à l'avis de votre commission, qui, sur ce point, s'est trouvée unanime.

Nous pouvons maintenant passer à la seconde question, celle de la réduction des droits. Sur celle-ci nous n'avons pas à solliciter de vous une aussi longue attention, et notre tâche est d'autant plus facile que nous n'avons aucun dissentiment à vous signaler.

En principe, l'administration convient que le droit de garantie n'est point un impôt.

Puisqu'il est bien reconnu que ce droit n'est pas un impôt, il en résulte que sa quotité devrait être uniquement mesurée sur les frais du service.

Or, des évaluations et des renseignements recueillis par votre commission la persuadent que les frais du service s'élèvent tout au plus à
la moitié du produit des droits ; aussi est-elle unanimement d'avis de
demander que ces droits soient réduits de moitié.

S'il arrive , comme cela est très probable , que la réduction du
droit n'entraîne pas une diminution dans les recettes, lorsque le fait
aura été pendant longtemps observé et constaté, il y aura certainement lieu à demander une réduction nouvelle , dans l'intérêt même
de l'institution de la garantie. Mais , comme il convient de n'entrer
qu'avec prudence dans la carrière des changements , alors même que
ces changements constituent d'évidentes améliorations , votre commission a pensé qu'il fallait se borner , pour le moment, à la demande
d'une réduction de moitié sur les droits , et encore sera-t-il bien entendu que cette réduction ne devra pas être opérée immédiatement et
d'un seul coup , mais qu'elle sera partielle et successive , afin de ne
pas froisser l'intérêt actuel des détenteurs de bijoux revêtus des marques légales.

Quant aux droits d'essai et de touche , votre commission , à la majorité de huit voix contre une, est d'avis qu'il faut en demander , non
pas la réduction , mais la suppression complète.

Nous ne prétendons pas que les essayeurs exercent gratuitement
leur ministère , nous désirons que leurs fonctions, qui exigent des
lumières et de l'indépendance, soient largement rétribuées; mais
nous pensons qu'elles doivent l'être par une somme fixe , payée par
le trésor et portée au compte des dépenses du bureau de garantie.
C'est en effet une singulière anomalie , qu'un traitement de fonctions
publiques qui n'est pas fixe et qui est payé directement au fonctionnaire par l'industrie, au lieu de l'être par le trésor. C'est un véritable
contre-sens de faire dépendre l'élévation du traitement de ce fonctionnaire du grand nombre des ouvrages qu'il admet à la marque, tandis
que l'intérêt de l'exactitude du titre exige beaucoup de sévérité sur

les conditions d'admission. Il ne faut pas chercher d'autre cause de la tolérance abusive qu'on reproche aux essayeurs de certaines localités.

Voici le tour d'une question sur laquelle vous le pressentez, Messieurs, un seul avis a été celui de tous les membres de votre commission :

La nécessité de modifier ou supprimer la plupart des peines portées par la loi de brumaire.

On est frappé d'étonnement à la lecture des dispositions pénales de cette loi : l'inexécution de formalités sans importance, la plus simple infraction est traitée sur le même pied que la fraude la plus condamnable ; la peine odieuse de la confiscation s'y présente comme le complément de presque toutes les autres, et pour couronner l'œuvre, une disposition récompns e le dénonciateur.

Au moment de discuter sur les réformes désirables et sur les pénalités qu'il conviendrait de substituer aux pénalités actuelles, nous avons été arrêtés par un scrupule que vous approuverez sans doute ; nous avons reconnu que la juste proportion entre les délits et les peines ne pouvait être bien appréciée que par les personnes versées dans la connaissance des lois et des principes de législation : qu'essayer de faire cette appréciation par nous-mêmes, ne devait pas être notre prétention, et qu'il suffisait d'ailleurs, pour atteindre notre but, d'indiquer les vices de la loi, en laissant à l'administration et aux législateurs le soin de rechercher comment ces vices devaient être corrigés.

En conséquence, nous nous bornons à vous proposer de demander la révision et la réforme des articles 19, 80, 88, 107, 108 109 et 110 de la loi du 19 brumaire an **VI.**

Après avoir adopté cette résolution, votre commission s'est occupée d'une question qui depuis longtemps préoccupe plusieurs de nos confrères, et leur paraît, avec raison, d'une grande importance.

Il s'agit de l'institution d'un comité de garantie qui serait composé de fabricants choisis par leurs confrères, pour être, auprès de l'administration , les organes permanents des intérêts généraux de notre industrie. Ainsi, pour faire comprendre par quelques exemples l'utilité de cette institution , qu'une fraude naisse et s'introduise dans une des branches quelconques de la fabrication , et par fraude n'entendons pas une infraction à la loi de brumaire, mais un acte réprouvé par la morale et dirigé contre l'intérêt des acheteurs , un acte toujours préjudiciable au plus grand nombre des fabricants qui s'abstiennent de le commettre , et presque toujours, en définitive , préjudiciable à ceux-là mêmes qui s'en rendent coupables.

Eh bien ! un comité de fabricants , chargé de la défense des intérêts généraux , ne sera-t-il pas informé de l'existence de cette fraude bien plus promptement que l'administration? Ne jugera-t-il pas souvent mieux qu'elle des moyens à mettre en œuvre pour l'empêcher? Ne suffira-t-il pas , en bien des cas, d'une simple démarche du comité pour rendre la continuation de la fraude impossible ?

Encore un exemple. Qu'un abus s'introduise dans les détails du service administratif , que cet abus blesse plus ou moins les intérêts légitimes des fabricants , des réclamations isolées pourront n'être pas écoutées ou ne l'être que tardivement, tandis que si le comité les présente , elles seront immédiatement prises en considération.

On conçoit , en effet, que l'administration accordera naturellement une certaine déférence aux avis d'un comité chargé de représenter auprès d'elle toute une branche d'industrie ; elle appréciera l'avantage de s'assurer un auxiliaire aussi puissant pour la découverte et l'empêchement de la fraude ; enfin elle reconnaîtra que les décisions et mesures administratives obtiendront une autorité morale d'autant plus grande que l'influence du comité s'y fera sentir davantage.

Mais quant à la fixation des attributions de ce comité, quant à son mode d'organisation et d'élection , nous nous sommes abstenus d'en préparer le projet , persuadés qu'il était plus convenable de laisser à l'administration l'initiative de ce travail, et qu'il suffisait d'exprimer notre vœu sur l'utilité de l'institution même.

Il ne reste plus qu'une solution à vous soumettre, Messieurs, celle relativeà la question d'exportation.

Votre commission, qui avait réservé l'étude de cette question pour la dernière partie de sa tâche, s'est aperçue qu'elle en était aussi la partie la plus difficile. Aussi a-t-elle jugé convenable d'appeler dans son sein six des fabricants que leurs relations habituelles mettent le plus à même d'émettre des avis eclairés sur cette matière.

Elle s'est donc adjoint MM. Bourbon, Christofle, Cœuré, Marchand, Mention et Poulet, qui ont consenti à la seconder de leur coopération.

Malgré ce nouveau concours de lumières, les difficultés sont demeurées si grandes encore que nous sentons le besoin de faire un appel à votre indulgence en vous présentant le résultat de notre travail.

Dans la question d'exportation des ouvrages d'or et d'argent, le principe des mesures préventives et celui de la liberté commerciale se rencontrent dans toute leur antipathie. C'est un terrain sur lequel il n'y a guère de conciliation possible entre ces deux adversaires, où il nous paraît inévitable que l'un des deux soit sacrifié à l'autre.

Nos réflexions nous avaient préparé à cette nécessité ; elles ont été confirmées par celles des confrères qui ont bien voulu nous prêter leur assistance. Nous regardant alors comme contraints, dans la plupart des cas dépendant de la question, d'opter entre les deux principes, ce n'est pas celui de la liberté que nous avons cru devoir abandonner.

Voici les résolutions adoptées par votre commission, de concert avec les six fabricants qui ont bien voulu les discuter avec elle.

A l'unanimité, elle est d'avis de demander qu'il y ait un poinçon spécial de garantie, dont les ouvrages destinés pour l'exportation seront marqués, moyennant l'acquittement d'un droit de 3o fr. seulement par kilogramme.

A la majorité de quatorze voix contre une, elle est d'avis de demander la faculté d'exporter des bijoux sans marque et celle de les mettre à l'abri des saisies pendant le trajet jusqu'aux frontières, au moyen d'une déclaration préalable faite à l'administration et conte-

nant, avec la spécification des ouvrages , l'indication du point de nos
frontières par lequel ils devront être exportés.

Enfin, une dernière faculté dont elle est d'avis unanimement de faire
la demande, non seulement à titre de conséquence naturelle de celles
dont il vient d'être parlé , mais en s'appuyant en outre sur des considérations particulières à la position des fabricants, c'est la faculté pour
ces derniers d'avoir chez eux des ouvrages achevés et non marqués ,
sans que cette circonstance les constitue en contravention.

Tels sont, Messieurs, les résultats de nos travaux : nous vous les
avons exposés en peu de mots, parce qu'ils se rapportent à des améliorations qui ont souvent préoccupé vos pensées. S'il arrive que vous les
jugiez dignes de votre approbation, nous aurons soin de les faire
accompagner, en les présentant à l'autorité, de développements plus
étendus sur la légitimité de nos demandes.

Au résumé, nous vous proposons de demander :

1° Une tolérance légale de vingt millièmes sur le titre d'or des ouvrages creux et de fantaisie, et de dix millièmes sur les ouvrages
pleins ;

2° Une réduction de moitié sur le droit de marque ;

3° La suppression des droits d'essai et de touche ;

4° La révision et la réforme des articles 19, 80, 88, 104, 107, 108,
109 et 110 de la loi du 19 brumaire ;

5° L'institution d'un comité de garantie composé de fabricants.

6° La création d'un poinçon spécial pour l'exportation , qui serait
apposé moyennant le droit de 30 fr. par kilogramme ;

7° La faculté d'exporter des ouvrages sans marque et celle de les
mettre à l'abri des saisies pendant le trajet jusqu'aux frontières, au
moyen d'une déclaration préalable ;

8° Enfin , la faculté, pour les fabricants , d'avoir chez eux des ouvrages achevés et non marqués, sans qu'il résulte, comme aujourd'hui,
un cas de contravention de cette circonstance.

EXTRAIT DU PROCÈS-VERBAL

de l'assemblée générale du 14 mai 1835.

Les propositions de la commission ont été toutes adoptées par l'assemblée générale, savoir :

La première, à l'unanimité moins six voix ;

La seconde, à une très grande majorité ;

La troisième, à l'unanimité ;

La quatrième, à l'unanimité ;

La cinquième, à l'unanimité ;

La sixième, à une très grande majorité ;

La septième, à l'unanimité :

La huitième, à l'unanimité ;

Le président ayant cru devoir demander à l'assemblée si elle entendait confirmer les pouvoirs dont elle avait investi ses commissaires dans la réunion générale du 7 avril dernier, de la représenter auprès de l'autorité adminstrative, et au besoin, auprès des pouvoirs législatifs, jusqu'au moment où la loi de brumaire serait revisée; si elle entendait, de plus, les autoriser dès à présent à solliciter de l'administration diverses améliorations dans le service de la garantie, que leur paraissait réclamer l'intérêt général ; l'assemblée à l'unanimité, a répondu par l'affirmative.

N° 2.

Lettre de M. le comte de Sussy *à M.* Paul *, président de la Commission des fabricants Bijoutiers.*

Paris, le 6 juin 1835.

Monsieur,

J'ai reçu et déjà fait remettre à chaque membre de la commission pour la révision de la loi organique sur la garantie, un exemplaire du rapport de la commission des bijoutiers, que vous m'avez transmis avec votre lettre du 26 mai dernier.

Vous m'annoncez que Messieurs vos confrères ont confié à M. Paillottet et à vous, la mission de fournir s'il en est besoin, toutes les communications verbales à l'appui des conclusions du dit rapport, et de solliciter immédiatement, en attendant la révision de la loi, certaines améliorations qui n'excèdent pas les limites du pouvoir administratif.

Vous devez être persuadé, Monsieur, que l'administration est toute disposée à soumettre à M. le ministre des finances, les mesures qui pourront concilier à la fois, les intérêts de la fabrique, du consommateur et du service dont la direction lui est confiée.

A cet effet, je vous prie de vouloir bien me communiquer vos nouvelles observations.

La discussion sur les modifications à apporter à la législation actuelle va s'ouvrir sous peu de jours, mais je puis dès ce moment vous annoncer que les dispositions préparatoires, satisfont à peu près à toutes les conditions formulées dans votre rapport, à l'exception d'une augmentation sur la tolérance du titre pour les bijoux pleins, et de l'institution d'un comité de garantie.

Sur la première question, qui ne me semble pas devoir être l'objet d'une discussion sérieuse, ce serait changer en effet le troisième titre de l'or, ce serait en perdant l'indication devenue populaire de 18 karats, altérer le rapport de toutes les transactions en fait d'ouvrages et de matières d'or, car, en pareil cas, l'exception devient immédiatement la règle, la fabrique ayant un intérêt évident à profiter de toute la largeur que lui accorde la tolérance.

En réalité, la tolérance de 3/1000 est plus que suffisante pour parer à toutes les erreurs possibles d'alliage, la loi n'en accorde que deux aux matières d'or préparées pour les fabrications monétaires, et quoi qu'il s'agisse souvent de masses dont la refonte entraîne un déchet et une perte de manipulation assez considérables, il n'a jamais été élevé de réclamation sur l'exiguité de la tolérance.

L'institution d'un comité de fabricants, pour être auprès de l'administration les organes permanents de leur commerce, n'est en d'autres termes, que le rétablissement des maisons communes d'orfèvres supprimées par le titre trois de la loi actuelle, et le changement complet du mode d'administration.

Rien n'empêche sans doute, et je crois même que ce serait un bien, messieurs les fabricants, de former entre eux une réunion syndicale chargée de surveiller la moralité des actes de chacun, comme plusieurs professions en fournissent l'exemple, mais je ne pense pas que la loi puisse prescrire une disposition de cette nature, parce qu'elle donnerait certainement lieu, entre les agents de l'état et les membres du comité de garantie, à des conflits ou à des collisions qui entraveraient souvent la marche de l'administration.

Recevez, Monsieur, l'assurance de ma parfaite considération,

Le Pair de France,
Président de la Commission des monnaies.

Cte de SUSSY.

N° 3.

Réponse de MM. Paul *et* Paillottet, *délégués de la Commission des fabricants bijoutiers, à* M. *le comte de* Sussy, *président de la Commission des monnaies.*

Paris, le 6 juillet 1855.

Monsieur le Comte,

« Nous avons l'honneur de répondre, après avoir consulté nos « confrères, à la lettre en date du 6 juin (n° 397), que vous avez « adressée à M. Paul, l'un de nous.

« C'est pour nous une vive satisfaction d'apprendre que les disposi- « tions préparatoires sur les modifications à apporter à la loi du 19 « brumaire, s'accordent à peu près avec les demandes que nous avons » présentées au nom de notre industrie.

« La restriction que vous faites à l'égard de deux de ces demandes « ne détruit pas cette agréable impression, parce que la force des « raisons dont nous pouvons les étayer, nous permet encore l'espoir « de leur concilier votre assentiment. Sur la question de tolérance en « faveur des ouvrages pleins, voici ce que nous avons à dire :

« Les bijoutiers sont soumis à une législation exceptionnelle qui « crée pour leur industrie des obligations en dehors du droit commun. « Quand un ouvrage présenté à la vérification des essayeurs se trouve « au-dessous d'un titre déterminé, la destruction en est prescrite,

« quelle que soit la valeur de la main d'œuvre, et quelle que soit l'exi-
« guité de la différence du titre. Rien ne prouve qu'on puisse attri-
« buer au fabricant l'intention de cette différence ; rien ne prouve ,
« si cet ouvrage à titre faible était mis en circulation , que l'acheteur
« dût être nécessairement trompé sur son titre : il n'importe , la loi
» est préventive , elle ordonne conséquemment la destruction.

« Cette situation défavorable dans laquelle sont placés les fabri-
« cants-bijoutiers par une loi exceptionnelle, les autorise suffisam-
« ment à demander , comme compensation, un privilége exception-
« nel , la faculté de livrer éventuellement , comme étant à 750
« millièmes, des ouvrages qui ne seraient peut-être qu'à 740.

« Est-ce bien là d'ailleurs un privilége qu'ils réclament ? Est-il
« dans leur intention que le consommateur soit contraint d'accepter
« comme 750 ce qui ne sera peut-être pas au-dessus de 740 ? Nulle-
« ment. Les bijoutiers désirent seulement, entre ces deux étroites
« limites , rentrer dans le droit commun , et n'être plus privés de
« l'autorisation de livrer à l'acheteur ce dont celui-ci veut bien se con-
« tenter. Les bijoutiers ne prétendent pas qu'un poinçon de garantie,
« qu'il serait plus exact d'appeler poinçon de surveillance , étant ap-
« posé sur un ouvrage d'or , établisse comme article de foi, que cet
« ouvrage est à 750 millièmes. Après la surveillance des préposés , la
« surveillance des acheteurs est encore licite et naturelle. Si donc il
« se rencontre un acheteur qui veuille 750, 749 ou 748 millièmes
« précis , les fabricants , après avoir débattu les conditions du marché
« pourront tenter de satisfaire à cette exigence particulière.

« Il est si peu dans notre intention d'annoncer un titre pour un
« autre, que si l'administration nous proposait d'indiquer par trois
« chiffres, qui accompagneraient le poinçon , le nombre précis des
« millièmes d'or contenu dans chaque ouvrage , nous n'élèverions
« aucune objection , et tout au contraire , nous verrions avec plaisir
« l'adoption de ce nouveau mode , s'il en devait résulter la restriction
« des cas où l'on détruit nos ouvrages. L'indication devenue populaire

« de 18 karats , qu'il vous paraît important de conserver , ne sera
« d'ailleurs pas plus compromise par une tolérance légale de 10
« millièmes sur les ouvrages pleins , que par une tolérance bien plus
« forte sur les ouvrages creux , dont la nécessité n'est pas contestée.
« Et puis si nous distinguons, comme il est raisonnable de le faire,
« entre la théorie et la pratique de MM. les essayeurs ; si nous entrons
« dans l'examen des faits , nous les voyons concourir tous à prouver
« qu'introduire dans la loi nouvelle une ¡tolérance beaucoup plus
« grande que celle indiquée par la loi de brumaire, ce n'est pas ,
« comme vous le craignez, altérer le rapport des transactions en fait
« d'ouvrages d'or , mais c'est au contraire maintenir le *statu quo* ,
« c'est respecter les usages sous l'empire desquels toutes les transac-
« tions se font aujourd'hui et ont été faites dans le passé. Nous nous
« trompons en parlant du passé , la tolérance pratique était autrefois
« beaucoup plus large qu'elle n'est maintenant. Pendant bien des
« années les bijoux pleins ont été admis à la marque au titre de
« 17 k. 1/4 ou 720 millièmes. C'est un fait qui peut être établi par les
« témoignages et les documents les moins suspects.

« Après avoir établi notre droit à la tolérance, à titre de compensa-
« tion des rigueurs législatives qui pèsent sur notre industrie , nous
« avons encore à nous prévaloir de notre qualité de commerçants.

« La tolérance est de l'essence de toutes les transactions commer-
« ciales ; elle est réclamée par l'acheteur comme par le vendeur : de
« là vient sans doute que les législateurs ont modifié en plusieurs cas
« les principes du droit civil pour les appliquer aux actes de commerce.
« Nos connaissances ne nous permettent pas de rien citer à ce sujet ,
« mais c'est un fait qu'on entend proclamer chaque jour dans les dé-
« bats judiciaires et qui nous parait à l'abri de contestation.

« Un autre fait sur lequel nous pouvons nous expliquer plus perti-
« nemment et qui nous parait se rattacher aux principes que nous in-
« voquons, c'est celui du dégré de protection préventive accordée aux
« consommateurs d'un objet de première nécessité dans notre bonne

« ville de Paris. Des règlements spéciaux obligent les boulangers à con-
« fectionner précisément au poids le pain commun de 4 livres que l'on
« considère comme destiné à la classe la moins favorisée de la fortune ;
« mais sur les pains autres que ceux de quatre livres, la protection
« des règlements cesse, le boulanger reste libre de livrer à l'acheteur
« le poids dont celui-ci veut bien se contenter ; et alors même qu'il
« s'agit de pains de 4 livres, il est de notoriété que les commissaires
« de police ont toléré et tolèrent dans la pratique le déficit de une
« once à une once et demie, c'est-à-dire de quinze à vingt millièmes
« du poids total.

« Cet exemple nous paraît concluant, et d'ailleurs si nous cher-
« chons à nous rendre compte de la nécessité d'une loi préventive sur
« le commerce des ouvrages d'or et d'argent, nous apercevons en
« première ligne le motif de la valeur importante de la matière, dont
« la falsification pourrait causer un préjudice énorme à l'acheteur ;
« mais aussitôt qu'il s'agit seulement d'une aussi mince fraction que
« dix millièmes, l'importance de la valeur intrinsèque disparaît,
« et nous ne comprenons plus qu'en l'absence de cette cause prin-
« cipale l'effet subsiste, et qu'une surveillance rigoureusement pré-
« ventive vienne encore s'interposer entre le vendeur et l'acheteur.

« Une objection nous a été faite par suite d'une comparaison entre
« les monnaies et nos ouvrages. Mais on conçoit la nécessité d'une
« grande exactitude dans le titre des monnaies. « Rien ne doit être si
« exempt de variations que ce qui est la commune mesure de tout. »
« L'altération du titre des monnaies pourrait troubler la prospérité et
« même la sécurité de l'État. Y aura-t-il jamais rien de pareil à crain-
« dre de la part des bijoutiers et de leurs ouvrages ? Une marchandise
« livrée à prix débattu à la classe peu nombreuse des consommateurs
« d'objets de luxe peut-elle être assimilée aux monnaies de l'État,
« moyen d'échange qui a cours forcé et sans lequel on ne peut se pro-
« curer les choses les plus indispensables à la vie ?

« Ce n'est pas tout, Monsieur, alors même que l'on contesterait
« aux bijoutiers toute compensation à la rigueur préventive de la loi,
« quand on leur refuserait toute facilité commerciale, quand on main-
« tiendrait cette assimilation de leur marchandise aux monnaies de
« l'Etat, il y aurait encore dans l'appréciation des difficultés de leur
« art, motif suffisant de leur accorder, pour les ouvrages pleins, une
« tolérance de dix millièmes.

« En effet, dans la fabrication des monnaies, monopole nécessaire,
« on opère sur des masses de matières parfaitement essayées dans les
« ateliers monétaires; il y a là bien moins de chances de variations
« dans les alliages que chez un fabricant qui ne fond que de petits
« lingots, sur lesquels le feu et les agents chimiques ont une action
« beaucoup plus sensible; lingots composés d'ailleurs de matières
« titrées par des essayeurs de commerce, dont les opérations compor-
« tent fréquemment l'inexactitude d'un ou deux millièmes.

« La différence entre l'or à neuf cents millièmes, qui est le titre des
« monnaies, et l'or à sept-cent-cinquante, qui est celui des bijoux,
« fait encore que l'action du feu et des agents chimiques est plus forte
« sur les lingots des bijoutiers. Or cette action du feu et des agents
« chimiques qui diminue le poids en haussant le titre n'est pas con-
« stamment la même et ne peut être régularisée. D'un autre côté, les
« lingots employés à la monnaie conservent jusqu'au terme de la fa-
« brication une certaine épaisseur, tandis que pour un grand nombre
« de bijoux pleins, il faut employer du plané ou du fil d'or très
« mince; d'où dérive pour le fabricant la nécessité bien plus grande
« de rendre ses lingots parfaitement ductiles et malléables. Or, une
« première fonte donnant rarement à des lingots à sept-cent-cinquante
« millièmes ces qualités indispensables, il y a donc obligation de
« réitérer les fontes et d'augmenter l'emploi des agents chimiques,
« toutes choses qui éloignent la précision du titre.

« Ajoutez à cela que dans la fabrication d'un grand nombre de bi-

« joux pleins, il faut que les ouvrages soient recuits et dérochés,
« plus ou moins de fois, avant d'être achevés, double cause de déchets
« qui compliquent la difficulté dont nous nous occupons.

« Enfin, il est beaucoup de bijoux pleins destinés à être mis en
« couleur ; l'action dissolvante de la couleur est très variable ; elle
» affine plus ou moins la surface des ouvrages ; quatrième et non pas
« dernière cause de difficultés ; mais il nous paraît superflu d'éten-
« dre plus loin cette énumération.

« Tout en nous reprochant d'avoir développé déjà trop longuement
« des motifs d'un tel poids, que chacun d'eux, apprécié isolément,
« peut suffire à décider la question en notre faveur, nous ne pouvons
« nous empêcher de vous soumettre encore deux considérations ac-
« cessoires.

« Pour qu'il y ait uniformité dans les procédés des essayeurs des
« divers bureaux de garantie de France, et pour que devant eux les
« fabricants soient égaux en droits, il faut évidemment que la tolé-
« rance soit telle qu'après l'épreuve de la touche, l'essayeur ne de-
« meure pas incertain et qu'il puisse prendre une détermination, sans
« agir au hasard ou par caprice.

« Enfin, il est d'une bonne politique de ne pas rendre l'exécution
« de la loi trop difficile au fabricant : « Les lois extrêmes dans le
« bien produisent le mal extrême.

« Nous passons maintenant à la question d'un syndicat de fabricants,
« que nous avons appelé sans doute improprement comité de garantie,
» ce qui aura donné lieu à quelque mal entendu. Si vous avez pensé
« que nous réclamions une part d'autorité dans l'administration de la
« garantie, que nous voulions au besoin élever des conflits, enfin que
« notre projet, réduit à sa plus simple expression, n'était autre chose
« qu'un retour à l'ancien système abandonné des maisons communes
« d'orfèvres, nous désavouons de toutes nos forces cette interpréta-
« tion. C'est d'un syndicat seulement que nous avons voulu parler ;
« et puisqu'il vous paraît à vous même, M. le Comte, qu'*une réunion*

« *de fabricants chargés de surveiller la moralité de chacun serait un bien,*
« nous regardons votre suffrage comme acquis à notre demande au
« fond, et votre dissentiment comme ne s'adressant plus qu'à la forme.
« Toute la différence entre votre opinion et la nôtre nous paraît con-
« stituer en ce que vous ne pensez pas qu'il soit besoin d'une disposi-
« tion législative pour instituer notre réunion syndicale, tandis que
« nous croyons que sans la sanction d'une loi, notre institution de
« syndicat manquerait tout-à-fait d'autorité et conséquemment d'uti-
« lité. La surveillance de la moralité des fabricants pourrait presque
« se résumer dans notre industrie par la surveillance du titre des ou-
« vrages ; ainsi donc un syndicat de bijoutiers, quel que soit le mode
« de son institution et de son organisation, aura toujours avec le
« bureau de garantie un but commun, but qui sera plus facilement,
« plus sûrement atteint par les employés de la garantie et les syndics,
« s'il y a de l'ensemble dans leurs efforts. Voilà pourquoi nous juge-
« rions nécessaire que des relations plus ou moins fréquentes avec
« l'administration de la garantie entrassent dans les attributions
« légales de nos syndics ; mais il est bien loin de notre pensée de de-
« mander pour eux voix délibérative dans les conseils de l'adminis-
« tration.

« Nous nous bornons à ces explications sommaires en vous priant
« instamment de les examiner et de ne pas repousser par une sorte de
« fin de non recevoir notre demande d'un syndicat. Elle a pour objet
« principal non pas d'assurer aux fabricants quelque influence auprès
« de l'administration, mais d'arriver à l'empêchement de la fraude,
« empêchement auquel des fabricants, investis d'une mission spéciale,
« nous paraissent pouvoir très efficacement contribuer.

« Sur cette question comme sur toutes les autres nous pouvons nous
« rendre ce témoignage que notre préoccupation exclusive a été
« d'obtenir une bonne loi, une loi-vérité pour notre industrie. Là se
« trouve l'excuse de notre insistance pour l'adoption des conclusions
« que nous avons l'honneur de vous présenter.

« Il est temps enfin d'en venir à ces améliorations de détail, que
« nous sommes autorisés à solliciter au nom de nos confrères, et dont
« vous voulez bien nous demander l'indication.

« Voici en peu de mots ce dont il s'agit et ce que nous obtiendrons
« de l'administration, si vous jugez nos prétentions admissibles :

« 1° Que les ouvrages soient admis à l'essai jusqu'à une heure après
« midi;

« 2° Que jamais les ouvrages essayés ne soient retenus à la marque
« jusqu'au lendemain par le motif de l'heure avancée;

« 3o Que les boîtes contenant les ouvrages soient toutes reçues par
« un inspecteur qui les distribuera aux employés-essayeurs et pourra
« seul ordonner la fonte d'une ou plusieurs pièces pour plus ample
« vérification;

« 4o Que l'apposition de la marque soit faite autant que possible de
« manière à n'en pas permettre la transposition, mais sans toutefois
« qu'il soit jamais permis aux employés-marqueurs de causer la
« moindre détérioration aux ouvrages;

« 5° Que l'emploi du contre-mail continue à être toléré dans
« d'étroites limites et seulement pour le besoin de la fabrication;

« 6o Qu'aucune rigueur nouvelle dans la pratique des essayeurs,
« qu'aucune restriction à ce que nous avons appelé, dans notre
« rapport, la tolérance administrative, ne soit apportée jusqu'à la
« révision de la loi de brumaire;

« 7° Qu'on cesse d'admettre à la marque du poinçon destiné à la
« bijouterie étrangère les bijoux à bas titre qui se trouvent au Mont-
« de-Piété.

« Telles sont les nouvelles demandes que nous sommes chargés de
« vous présenter. Elles nous paraissent assez évidemment légitimes
« pour que nous dispensant de les motiver nous nous bornions à les
« recommander à votre bienveillante appréciation.

Agréez, **M.** le Comte, etc.

NOTE SUPPLÉMENTAIRE.

De la tolérance en faveur des ouvrages creux et de fantaisie.

Un désappointement nous était réservé : nous avons à défendre notre demande d'une tolérance de 20 millièmes en faveur des ouvrages creux et de fantaisie, qui nous semblait à l'abri de contestation. Un dissentiment s'est élevé, sur cette question, entre l'administration des monnaies et celle des contributions indirectes. L'une des deux a cru devoir adopter l'opinion, émise par la commission des marchands bijoutiers nos confrères, de n'accorder que 10 millièmes de tolérance aux ouvrages creux et de fantaisie.

Poursuivons donc notre tâche; quelle que laborieuse et longue qu'on nous la rende, notre conviction nous soutiendra jusqu'au bout dans son accomplissement.

Expliquons avant tout, ce que nous entendons par les ouvrages pleins et les ouvrages creux et de fantaisie, et quelle ligne de démarcation nous concevons qu'on peut tirer entre les deux espèces. Les ouvrages pleins seraient suivant nous, ceux qui se confectionnent sans soudure ou avec peu de soudure. L'essai qu'on en fait doit porter seulement sur la partie or employée à leur confection, toute partie de soudure doit être écartée de la pierre de touche ou de la coupelle. Les ouvrages creux et de fantaisie sont ceux dont la confection nécessite une plus grande quantité de soudure; l'essai de ces ouvrages porte sur tous les éléments dont ils se composent, soudure et or. Nous pensons que les essayeurs de la garantie, devraient avoir la faculté d'essayer les ouvrages comme creux ou comme pleins, à leur choix. Dans le premier cas, si la grenaille était au dessous de 730 millièmes, l'ouvrage serait brisé : dans le second cas, si l'or employé à la confection de l'ouvrage et dégagé de toute la soudure dont il pourrait être accompagné ne se trouvait pas à 740 millièmes, au moins, l'ouvrage serait également brisé. Cette faculté laissée aux essayeurs nous paraîtrait propre à lever les difficultés de la distinction entre le creux et le plein, et, d'un autre côté, à prévenir les tentatives de faire profiter certains ouvrages d'une tolérance plus grande que celle dont ils auraient raisonnablement besoin.

Après cette explication, justifions notre demande d'une tolérance de 20 millièmes.

Les raisons nombreuses que nous avons présentées en faveur d'une tolérance pour les ouvrages pleins, profitent évidemment aux ouvrages creux ou composés de pièces rapportées, et à ces raisons vient se joindre celle d'un immense surcroit de difficulté d'obtenir la précision du titre en fabriquant ces derniers ouvrages.

Il s'agit de réunir deux ou un plus grand nombre de pièces séparées, en les soudant les unes avec les autres de manière à n'en former qu'un seul tout. La soudure est essentiellement en or à bas titre, accompagné de beaucoup d'argent, parce qu'elle doit entrer en fusion à un degré de chaleur bien moins élevé que l'or à 750 millièmes.

La quantité de soudure qui doit entrer dans un ouvrage, ne peut pas être déterminée à l'avance d'une manière précise et mathématique. Il se produit de grandes variations dans des ouvrages parfaitement semblables, parce que l'emploi de la soudure dépend du coup d'œil, de l'habileté des ouvriers et de divers accidents de fabrication qu'il est impossible d'éviter.

Les variations entre les quantités de soudure employées dans des ouvrages différents. dépendent en outre de la longueur des contours et du nombre des pièces de rapport dont ils se composent. Notez bien que ce nombre de pièces n'est pas toujours fixé d'avance, et que souvent, soit pour le bon goût, soit pour la solidité, soit pour la perfection d'un ouvrage, on est forcé d'y rapporter deux ou trois pièces de plus.

L'effet de la soudure pour l'abaissement du titre des ouvrages est plus ou moins grand, non pas seulement suivant qu'on a mis plus ou moins de précaution à l'employer, mais encore suivant l'épaisseur plus ou moins grande des pièces qu'elle a servi à réunir. Combien il est difficile de régler exactement des épaisseurs telles que celles dont on fait usage dans la bijouterie !

Il résulte de toutes ces circonstances, qu'on ne peut guères assigner la moyenne de la quantité de soudure à employer dans la confection des ouvrages creux et de fantaisie. Cependant il n'y a rien de hasardé à dire que l'emploi de 4 1/2 grains de soudure pour 1 gros d'or est un des plus restreints ; que l'emploi de 9 grains est assez commun, et que, parfois, celui de 18 grains et plus devient nécessaire.

Eh bien, on obtient, en soudant de l'or à 750 avec de la soudure à 500 millièmes ;

Si l'on emploie 4 grains 1/2 par gros ou 1/16 — 735 millièmes,
         9 grains   —   ou 1/8 — 722   —
      18 grains   —   ou 1/4 — 700   —

D'où nous concluons qu'admettre à la marque un ouvrage à 750 millièmes, comme nous le demandons, ce n'est pas faire prévaloir les difficultés de la fabrication sur tout autre motif, ce n'est pas leur donner une satisfaction exclusive ni exagérée, c'est seulement leur reconnaître un certain mérite relatif d'être prises en considération.

On objecte que les fabricants peuvent fort bien employer de l'or à un titre supérieur à 750 millièmes pour compenser la baisse du titre produite par la soudure.

Nous l'avons déjà déclaré dans notre rapport, adressé à nos confrères les fabricants bijoutiers, nous ne voulons point établir en principe que l'usage de l'or à 18 karats ou 750 millièmes est la seule condition à imposer aux fabricants, mais nous devons déclarer aussi qu'il résulterait pour la plupart d'entre eux tant d'inconvénients et de désavantages à employer de l'or à plusieurs titres que l'obligation qui leur en serait faite équivaudrait envers plusieurs à une interdiction de fabriquer.

Il faudrait, ensuite de cette obligation, confier beaucoup plus d'or aux ouvriers, prendre des précautions minutieuses et incessantes pour empêcher des mélanges de titres entre leurs mains, et certainement les frais de main-d'œuvre subiraient par là une telle augmentation, qu'en définitive la hausse de titre obtenue ne serait peut-être plus un avantage pour les consommateurs.

Un tel changement de procédés, bien moins onéreux pour les fabricants qui ont abondance d'or à fournir à leurs ouvriers, tendrait, en outre, à convertir la fabrication en monopole en faveur des riches.

Mais, d'ailleurs, la question n'est pas uniquement de hausser le titre d'une manière indéterminée ; il s'agit, suivant la condition qu'on veut nous imposer, d'obtenir un titre précis à 10 millièmes près.

Si tous les ouvrages avaient un poids invariable, une forme constante ; si le coup d'œil des ouvriers était uniforme ; si leur tact avait la régularité d'une machine, nous comprendrions qu'avec des calculs plus ou moins longs on parvînt à déterminer les différents titres d'or à employer pour chaque espèce d'ouvrage ; mais ces diverses suppositions étant toutes inadmissibles, il faut s'attendre à voir les calculs à chaque instant mis en défaut et les erreurs s'élever bien au-delà de 10 millièmes. Nous accepterions volontiers une épreuve à ce sujet, dans laquelle nous fournirions les divers titres d'or qui nous seraient indiqués pour servir à la confection d'un certain nombre d'ouvrages que nous désignerions, et nous ne doutons pas qu'entre les ouvrages ainsi confectionnés, la coupelle n'accusât des différences de titre de plus de 10 millièmes.

On nous a présenté cet argument :

« Vous ne pouvez, nous disait-on, régler à 10 millièmes près le
« titre définitif d'un ouvrage creux ou de fantaisie ; dans la plupart
« des cas, cependant, vous pouvez, de votre propre aveu, le régler

« à vingt millièmes près : prenez donc pour but le titre de 760 au
« lieu de 750 millièmes. De cette manière vous éleverez bien quel-
« quefois le titre de vos ouvrages au-dessus de 750 millièmes, et alors
« vous serez en perte ; mais d'un autre côté, vous les abaisserez sou-
« vent au-dessous, et alors vous aurez un bénéfice, ce qui établit une
« juste compensation ».

Grand merci de la compensation. Qu'arrivera-t-il lorsque nos ouvrages s'éleveront même au-dessus de 760 millièmes? que nous ferons
sur le titre une perte un peu plus forte, voilà tout. Et qu'arrivera-t-il
si nos ouvrages descendent au-dessous de 740? qu'ils seront détruits,
que nous supporterons un préjudice énorme, peut-être ruineux à la
longue ; voilà l'égalité de chances qui nous est offerte.

Passons à un autre ordre d'objections. Voyons si la bonne foi des
consommateurs sera surprise, si leur intérêt sera sacrifié par la tolérance de 20 millièmes que nous demandons.

Non, certes, il n'y aura de piége tendu à personne, si la loi établit
clairement que le troisième titre est celui qui est compris entre 730 et
750 millièmes; non, les consommateurs d'objets de luxe ne seront
pas maltraités par la législation, si la plus mauvaise chance qu'ils
courent est celle de ne recevoir que 730 millièmes au lieu de 750,
c'est-à-dire une valeur intrinsèque plus faible de deux et deux tiers
pour cent (2 , 2/3 p. o/o) que celle sur laquelle ils pourraient compter
à la rigueur.

Mais les consommateurs ne seront pas les seuls dont les intérêts
auront à souffrir. Les marchands, qui achètent une quantité considé-
rable d'ouvrages d'or pour les revendre, et qui rachètent ensuite ces
ouvrages devenus vieux pour les fondre et convertir en lingots, vont
aussi se trouver lésés. Ce sont eux qui réclament contre la tolérance
de 20 millièmes et veulent la réduire de moitié.

Cette réclamation de nos confrères les marchands bijoutiers a été
pour nous un véritable sujet d'étonnement. Nous avions bien com-

pris que l'intérêt des consommateurs pouvait être blessé par une tolérance excessive ; nous avions tous considéré la fixation de la tolérance comme une transaction à passer entre deux intérêts opposés. Nous avouons que nous n'avions pas aperçu pour les marchands un intérêt palpable à combattre nos prétentions sur cette question particulière. — En effet, les marchands connaissent bien ce qu'ils achètent ; par l'ascendant naturel de l'acheteur sur le vendeur, ils nous dictent plutôt les conditions qu'ils ne les reçoivent de nous. Si la loi nous accordait une tolérance trop grande sur le titre, les marchands sauraient bien réduire nos prix en conséquence et nous priver d'un avantage excessif.

Sortons des raisonnements généraux, et voyons ce qui se passe sous l'empire de la loi de brumaire. Nous livrons aux marchands des ouvrages d'or qu'on appelle à 18 karats (ou 750 millièmes), et qui d'ordinaire, ainsi que nous l'avons déclaré, ne sont au plus qu'à 730 millièmes. Eh bien ! les marchands nous payent-ils ces ouvrages sur le pied de 18 karats ? Oui, après déduction d'un escompte de 3 ou 4 p. o/o qui porte sur la valeur intrinsèque comme sur la valeur de la main-d'œuvre, de sorte qu'en réalité ils ne nous paient pas même 730 millièmes.

Bien qu'ils veuillent nous obliger désormais à leur livrer au moins 740 millièmes, ne les accusons pas cependant d'injustice. Dans une conférence récente, plusieurs d'entre eux nous ont révélé une pensée intime qui explique leur prétention jusqu'à un certain point. Ils n'ont pas confiance en l'efficacité de la prochaine loi. Si la tolérance légale de 3 millièmes s'est étendue, disent-ils, jusqu'au point où elle est aujourd'hui, où s'arrêtera cette tolérance de fait, lorsque son point de départ sera la tolérance légale de 20 millièmes ?

Voici notre réponse : il n'existe aujourd'hui deux tolérances, l'une de fait, l'autre de droit, que parce que la dernière est évidemment insuffisante et incomplète. Nous ne reviendrons pas sur l'insuffisance, nous avons assez longuement exprimé notre conviction à cet égard ; nous nous contenterons de faire observer que la tolérance légale est incomplète, à tel point qu'elle ne mentionne pas les ouvrages creux et de fantaisie. Or comme il est plus raisonnable d'admettre que le législateur a commis un oubli, une imprévoyance que de lui attribuer une absurdité, une injustice, on arrive logiquement à interprêter la loi en ce sens, qu'aucune de ses dispositions ne s'applique à la diminution de titre que la soudure employée loyalement peut produire, et qu'elle règle seulement le titre du lingot à employer dans la fabrication. D'un autre côté, pour infliger une peine à un fabricant, pour détruire des ouvrages, il faudrait s'appuyer sur un texte précis, d'où il suit, qu'une tolérance poussée jusqu'à l'abus était une conséquence inévitable du silence de la loi. Quant à l'extention de la tolérance envers les ouvrages pleins, elle est en effet contraire au texte littéral de la loi, mais c'est assurément la faute du texte si des fonctionnaires éclairés et conciencieux reculent devant le devoir d'en faire l'application.

Que la tolérance soit clairement déterminée dans la loi, qu'elle repose sur des principes libéraux et équitables, alors la tolérance de fait et la tolérance de droit ne seront plus qu'une seule et même chose.

Nos confrères les marchands, que nous regrettons d'avoir pour contradicteurs en cette occasion, disent encore pour soutenir leur avis.
» Voyez jusqu'où s'étend l'abus de l'inexactitude du titre ; en fondant
» les ouvrages vieux et revêtus de marques légales, nous obtenons
» un lingot dont la valeur intrinsèque n'est guère que de 72 à 73 fr.,
» par once, tandis que nous devrions au moins compter sur 76 fr. »

Nous en convenons avec eux, c'est en effet un abus. Une bonne loi peut seule y porter remède, et comme le prix de 76 fr. par once, dont ils parlent, correspond au plus à 720 millièmes, il est clair qu'en définitive nous surpasserons leur attente en leur livrant des ouvrages au titre de 730. S'ils ne peuvent pas se persuader que la fabrique se renferme en effet dans les limites d'une tolérance de 20 millièmes, si notre demande leur est enquelque sorte suspecte à force de modération, alors ils se trompent de rôle, ils ne doivent plus conclure à ce qu'on nous accorde moins, mais au contraire à ce qu'on nous accorde davantage.

PAUL.   PAILLOTTET.   MARRET.

BÉNARD.   DUPLESSY.   WEIL.

GRINGOIRE.   CAILLOT.   LANGOLFF.

ERRATUM.

A la page 14, ligne 26; *tendent à lui prouver:* *lisez, tendent à leur procurer.*

Imprimerie d'HIPPOLYTE TILLIARD, rue Saint-Hyacinte-Saint-Michel, n° 30.

www.ingramcontent.com/pod-product-compliance
Lightning Source LLC
LaVergne TN
LVHW021819170726
843503LV00007B/3267